La bandera

Georgia Beth

La bandera muestra que las personas están unidas.

Tiene una franja por cada uno de los primeros estados.

Tiene una estrella por cada estado actual.

Algunas de las franjas son rojas.

Algunas de las franjas son blancas.

Piensa y habla

¿Qué sienten estas personas por su bandera?

Las estrellas también son blancas.

Las estrellas están sobre un fondo azul.

Puedes sentir orgullo al ver la bandera.

Puedes levantarla en alto.

Puedes ponerte la mano en el corazón.

Puedes decir el juramento.

Puedes cantar el himno.

El país cambia y crece.

La bandera flamea siempre.

Salta a la ficción

Sam y la bandera

A Sam le gusta la bandera.

Siempre la busca.

Se para derecho cuando la ve.

Civismo en acción

Hay reglas para usar la bandera. Las personas quieren cuidarla.

1. Aprende las reglas.

2. Ayuda a un adulto a izar la bandera.

3. Ponte la mano en el corazón. Di las palabras del juramento.

www.ingramcontent.com/pod-product-compliance
Lightning Source LLC
Chambersburg PA
CBHW041507010526
44118CB00001B/45